対訳でたのしむ

遊行柳

ゆぎょうやなぎ

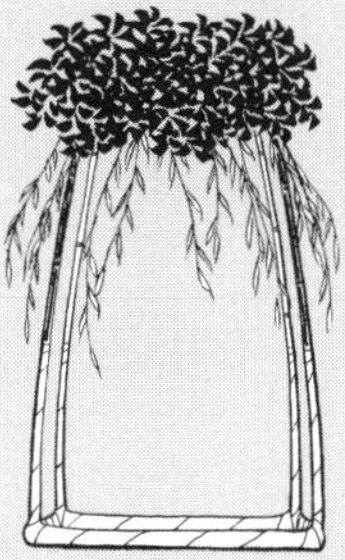

檜書店

目次

凡例

一、下段の謡本文及び舞台図（松野奏風筆）は観世流大成版によった。

一、下段の大成版本文は、横道萬里雄氏の小段理論に従って、段・小段・節・句に分けた。それらはほぼ上段の対訳部分と対応するように配置した。

一、小段名は舞事などを含む囃子事は〔　〕で、謡事は［　］で括り示した。

一、対訳本文の段は算用数字の通し番号で示して改行し、はじめにその段全体の要約と舞台展開、観世流とその他の流派との主な本文異同を中心に説明を付した。

遊行柳（ゆぎょうやなぎ）

西村　聡

〈遊行柳〉（ゆぎょうやなぎ）

諸国を巡る遊行上人《ゆぎょうしょうにん》の一行（ワキ・ワキツレ）が秋風の吹く白河の関（陸奥国《むつのくに》への入り口）を過ぎ、分かれ道の新道を選ぼうとするところへ、老人（前シテ）が現れ古道へ案内する。古道は先年の遊行上人も通り、川辺に朽木《くちき》の柳という名木もある。その場所は荒廃して川の水は絶え、朽木の柳も蔦葛《つたかずら》や苔《こけ》に埋もれている。遊行上人が名木のいわれを尋ねると、老人は西行法師が夏の盛りにここで涼み、「道の辺《べ》に清水《しみず》流るる柳蔭《やなぎかげ》しばしとてこそ立ちどまりつれ」の歌を詠んだと語る。老人は遊行上人から十念（南無阿弥陀仏と十回唱えること）を授かり、朽木の柳に近寄って姿を消す（中入）。

所の者（アイ）が通りかかり、遊行上人を見つけて、その求めに応じ朽木の柳のいわれを語る。所の者は遊行上人が先刻出会った老人は朽木の柳の精であろうと推量し、仏事を勧めて立ち去る。

遊行上人は朽木の柳の精と言葉を交わした奇縁を思い、従僧とともに念仏を唱えて仏事を行う。やがて朽木の柳から柳の詩を詠ずる声が聞こえ、白髪を風に乱した老柳の精（後シテ）が忽然《こつぜん》と現れる。烏《え》帽子《ぼし》・狩衣《かりぎぬ》を着たその老人は夕刻に道案内をした者と名乗り、念仏を唱えてもらい極楽に生まれることを喜ぶ。老柳の精は阿弥陀如来の悲願を深く頼み、彼岸に渡る仏法の舟を思い描いて、舟の起こりと柳の縁から玄宗皇帝の華清宮《かせいきゅう》、清水寺の楊柳観音《ようりゅうかんのん》、蹴鞠《けまり》の庭を背景とする『源氏物語』の柏木の悲恋へと連想を広げる。足もとは弱々しいが、極楽浄土の歌舞の菩薩《ぼさつ》が報謝の舞を捧げると称し、舞い終えて遊行上人に別れを告げる。老柳の精が消え去った場所には秋風が吹き、朽木の柳が残るだけであった。

《この能の魅力》

朽木《くちき》の柳は未だこの世を生きている。すべては遊行上人《ゆぎょうしょうにん》一行の幻想であるとしても、朽木の柳がこの世に別れを告げて赴く先は極楽浄土である。能によく出る人間の霊は、死者の国からこの世に立ち戻り、多くは再び死者の国へ帰ってゆく。この世を生きた思い出に執着すると、六道《ろくどう》の輪廻《りんね》から抜け出せなくなる。この世を生きる朽木の柳は、どのように草木成仏を遂げるのであろうか。

朽木の柳には命の終わりが近い自覚があり、極楽往生の願いを抱くようになった。先年古道を通った遊行上人や札を受け取る人々の様子から、老後の大事を学んだと想像される。思えば昔この場所で西行が詠んだ歌の文句も、それが『新古今和歌集』に入集した事実も、柳を題材とする詩歌の数々も、木蔭《こかげ》に休む旅人の会話に耳を澄ませ、長い年月をかけて知識を蓄えてきたのであろう。

新道が開かれて以来、古道の人通りは絶えた。古道に立ち尽くして出会いを待つだけでは、札を受け取り十念を授かる機会は得られない。折から遊行上人が新道を行くと知った朽木の柳は、老人姿の精となり、揺らぎ出て一行を呼び止める。朽木の柳の立つ古塚まで案内し、互いに合掌《がっしょう》して精は木蔭に隠れる。この時すでに精は十念を授かっている。後刻、烏帽子《えぼし》・狩衣《かりぎぬ》を着けた姿で再度出現したのは、おかげで歌舞《かぶ》の菩薩《ぼさつ》になれたと、報謝の舞（太鼓序ノ舞）を捧げるためである。舞を導く柳尽くしの［サシ］［クセ］も、報謝の一環に立ち舞うと認められる。

朽木の柳にとって西行の歌に詠まれた名誉は、名所案内の前シテが語れば済む。生前を再現して陶酔《とうすい》する人間の霊と違い、後シテは見すぼらしい老体を励まして成仏の喜びを伝えようとする。よくぞ人間の言葉を一途《いちず》に唱えて見せた。朽木の柳には、朽ちるにつれて仏の気配が満ちてゆく。その現在に人間は胸を打たれる。

【作者】『国広太鼓伝書』に観世小次郎信光作とし、永正十一年（一五一四）三月、観世大夫元広による京都・新黒谷勧進能を初演とする。

【題材】『新古今和歌集』夏歌。佐藤兵衛憲清（西行）が鳥羽殿で十首の歌を詠む場面は、『西行物語』のほか、貞和五年（一三四九）春日若宮臨時祭で猿楽の指導を受けた巫女の所演でも知られる。

【場面】

前場　陸奥国白河の関付近。

後場　前場に同じ。

【登場人物】

前シテ　老人（面は阿古父尉・朝倉尉）

後シテ　老柳の精（面は皺尉）

ワキ　遊行上人

ワキツレ　従僧（二、三人）

アイ　所の者

1

遊行上人《ゆぎょうしょうにん》一行の登場　後見《こうけん》が覆《おお》い（引き回し）をかけた山（古塚の朽木の柳）の作り物を幕から運び出し、大小前（舞台中央後方）に据える。

〔次第〕の囃子で遊行上人（ワキ）・従僧（ワキツレ）が静かに登場する。遊行上人と従僧は正面に出て向き合い、仏道修行の旅をしていると述べる。遊行上人は自己紹介をし、従僧とともに白河の関を越え奥州へ入ったと述べる。遊行上人は関の先は道が分かれているが、広い道を行くと述べる。

〔着キゼリフ〕「音に聞きし」を金剛は「これはや音に聞こえし」とする。その他、各流の本文に小異がある。

〔次第〕　小鼓・大鼓の演奏と笛の間奏による、リズムに乗らない登場楽。ワキ・ワキツレはこの囃子の間に登場する。

遊行上人 従僧　帰りがいつと知れない旅に出て、帰りがいつと

〔次第〕

〔次第〕 ワキ ワキツレ　〽帰るさ知らぬ旅《タビ》ごろも、

知れない旅に出て、それも仏法のためだと思い、心が急ぐのだろうか。

遊行上人

私は諸国を巡り歩く遊行の僧であります。私は一遍上人《いっぺんしょうにん》の教えを受け、諸国を巡り歩いて人々に念仏を勧め、その恵みを全国に広めて、すべての人は必ず往生できると書いたお札を、もれなく皆に与えております。最近は上総《かずさ》の国（現在の千葉県中部）におりましたが、今から奥州（現在の東北地方）をめざして行きます。

遊行上人 従僧

日本の諸国を巡る仏道の旅、諸国を巡る仏道の旅。迷いなく巡る月も光を添えて、私の心の奥を照らしてくれる。ここが奥州へ入ったと知る白河の関を通る道だ。そう聞いたかと思えば、都をば霞《かすみ》とともに立ちしかど秋風ぞ吹く白河の関（『後拾遺和歌集』羇旅《きりょ》歌・能因法師）

（春霞が立つ頃、霞とともに都を出たが、いつしか白河の関まで来て秋風が吹く季節となった）

と歌に詠まれる秋風も吹き始めた。

帰るさ知らぬ旅衣、法《ノリ》に心や急ぐらん。

［名ノリ］

ワキ〽これは諸国《ショコク》遊行《ユギョオ》の聖《ヒジリ》にて候、我一遍上人《ワレイッペンショオニン》の教へ《エ》を受け、遊行の利益《リヤク》を六十《ロクジウ》餘州《ヨシウ》に弘《ヒロ》め、六十萬人決《ケツ》定《ヂョオ》往生《ヲオジョオ》の御札《ミフダ》を、普《アマネ》く衆《シュ》生《ジョオ》に与《アタ》へ候、この程は上総《カヅサ》の国に候《ソオラ》ひ《イ》しが、これより奥へ《エ》と志し候

［上ゲ歌］

ワキ
ワキツレ
〽秋津洲《アキツス》の、国々廻《メグ》る法《ノリ》の道、国々廻る法の道、迷《マヨ》はぬ《ワ》月も光添《ソ》ふ《オ》、心の奥を白河《シラカワ》の、関路《セキヂ》と聞けば秋風《アキカゼ》も。

立つ夕霧《イウギリ》の何処《イヅク》にか、今宵《コヨイ》は宿《ヤド》を狩衣《カリゴロモ》、日も夕暮《イウグレ》になりにけり、日も夕暮になりにけり。

立ちこめた夕霧はどこへ流れるか、今宵《こよい》はどこに宿を借りようか。日も暮れ方になってしまった、日も暮れ方になってしまった。

遊行上人　道を急いでおりますうちに、名高い白河の関を通り過ぎました。またここにいくつも道が見えています。広い方の道へ行こうと思います。

2

老人と遊行上人の応対　幕から老人（前シテ）が遊行上人（ワキ）に呼び掛けて登場し、橋掛りを歩みながら、先年遊行上人が通った川岸の古道があると教える。古道を案内する体で舞台に入り、朽木の柳周辺の荒涼とした風景を眺める。

[問答]「されば昔の道を教へ申さんとて」を喜多は「御道しるべ申さん為」とする。「昔はこの道なくして」の前に金春は「中々のこと」を挿入する。その他、各流の本文に小異がある。

老人　もうしもうし、遊行の上人のお供の人々にお話

[着キゼリフ]

ワキ 〽急ぎ候程に、音《オト》に聞きし白河《シラカワ》の関をも過ぎぬ、又これに数多《アマタ》道の見えて候、広き方《カタエ》へ行かばやと思《イ》ひ候

[問答]

シテ 〽なうなう《ノオノオ》遊行上人《ショオニン》の御《オン》

ししたいことがあります。

遊行上人　遊行の僧とは札《ふだ》を御所望ですか。老人の足でも、もう少しお急ぎください。

老人　ありがたいこと。お札も頂戴いたしましょう。それはともかく、先年遊行上人のお下りの時も、古道《ふるみち》をと申されて昔の街道をお通りになりました。それゆえ昔の道をお教えしようと、遠くからここまで参りました。

遊行上人　不思議なことよ。それでは以前の遊行の僧も、この（広い方の）道ではない古道を、通ったことがあったのですね。

老人　昔はこの（広い方の）道はなくて、あちらに見えているひとつの森の、手前の川岸をお通りになりました。あれが昔の街道です。加えて古道には、朽木《くちき》の柳といって有名な木があります。お僧のような尊い上人の唱える念仏の声には、草木までもが成仏の縁を結びます。

供の人に申すべき事の候

ワキ　〽遊行の聖《ヒジリ》とは札《フダ》の御所《ゴショ》望《モオ》にて候か、老足《ロオソク》なりとも今少《スコ》し急ぎ給へ《エ》

シテ　〽ありがたや御札《ミフダ》をも賜は《ワ》り候べし、まづ先年《センネン》遊行の御下向《オンゲコオ》の時も、古道《フルミチ》とて昔の街道《カイドオ》を御《オン》通り候ひ《イ》しなり、されば昔の道を教へ《エ》申さんとて、はるばるこれまで参りたり

ワキ　〽不思議やさては前《サキ》の遊行も、この道ならぬ古道《フルミチ》《ノ》を、通りし事のありしよなう《オ》

シテ　〽昔はこの道なくして、あれに見えたる一村《ヒトムラ》の、森の此処《コナタ》の川岸《カワギシ》を、お通りありし街道なり、その上朽木《ウエクチキ》の柳とて名木《メイボク》あり、かかる尊《タット》き上人《ショオニン》の、御法《ミノリ》の声は草木《ソオモク》までも、成仏《ジョオブツ》の縁《エンナ》ある結縁《ケチエン》たり

地　こちらへおいでくださいといって、管仲の老馬の故事（『平家物語』巻九・老馬など）ではありませんが、道案内をして差し上げます。お急ぎください、旅のお人よ。

地　誠にいかにも古道の名にふさわしく、誠にいかにも古道の名にふさわしく、人の通った跡も絶え荒れ果てている。葎《むぐら》や蓬《よもぎ》、苅萱《かるかや》が混じり合い、生い茂った浅茅《あさじ》が原は、浅茅生《あさじう》や袖に朽ちにし秋の霜忘れぬ夢を吹く嵐かな（『新古今和歌集』雑歌上・源通光）（浅茅の原よ。懐旧の涙に濡れた袖に結び、袖に朽ちた秋の霜を、私は忘れず夢に見る。その夢も嵐が吹いて破ることよ。）と歌に詠まれたとおり、霜や露に濡れ、枯れしおれている。衣を濡らし払い分けて来て見ると、昔の面影を残す古塚《ふるつか》に、朽木の柳は枝が垂れて寂しげだ。木蔭を踏んで歩む道は草に隠れて先も見えず、風だけが吹き渡ってゆく景色であるよ。風だけが吹き渡ってゆく景色であるよ。

［歌］

地　〽此方《コナタ》へ入《イ》らせ給へ《エ》とて、老《オ》いたる馬《ンマ》にはあらねども、道しるべ申すなり、急がせ給へ《エ》旅人《タビビト》。

［上ゲ歌］

地　〽げにさぞな所から、げにさぞな所から、人跡《ジンセキ》絶えて荒《ア》れ果《ハ》つる、葎《ムグラ》蓬《ヨモギ》生《ウ》刈萱《カルカヤ》も、乱れ合《ア》ひ《イ》たる浅茅生《アサヂウ》や、袖に朽《ク》ちにし秋の霜。露《ツユ》分け衣《ゴロモ》きて見れば、昔を残す古塚《フルツカ》に、朽木《クチキ》の柳枝さびて、蔭踏《フ》む道は末もなく、風のみ渡る気色《ケシキ》かな、風のみ渡る気色かな。

3

老人と遊行上人の問答と老人の中入　遊行上人（ワキ）は老人（前シテ）に朽木の柳のいわれを語ることを求める。老人は昔西行がこの柳の木蔭で涼を取り、一首の歌を詠んだと語った後、遊行上人から十念（十回の念仏）を授かり、朽木の柳の古塚（山の作り物）に入って消える（中入）。

［問答］「これこそ」以下、金春は「名木の柳にて候、よくよく…」とする。その他、各流の本文に小異がある。

老人　これこそ昔の街道でございます。またこちらの古塚の上にあるのが朽木の柳でございます。よくよく御覧ください。

遊行上人　それではこの塚の上にあるのが由緒ある柳でしたか。なるほど川岸も水が絶えて、川沿いの柳は朽ち残っている。老木はそれと見分けもつかず、蔦《つた》や葛《かずら》ばかりがからみつき、緑の苔が梢《こずえ》を

［問答］

シテ〽これこそ昔の街道にて候へ《エ》、又これなる古塚《フルツカ》の上《ウエ》なるこそ朽木《クチキ》の柳にて候、よくよく御覧《ゴラン》候へ《エ》

ワキ〽さてはこの塚の上なるが、名木《メイボク》の柳にて候ひ《イ》けるぞや、げに川岸《カワギシ》も水絶《タ》えて、川沿《ソ》ひ《イ》柳朽《ク》ち残る、老《オイ》木《キ》はそれとも見え分かず、

埋める有様で、誠に長い年月を経ている。ではいつの時代からの名のある木か、詳しくお話しください。

老人 昔の人が言い残した話では、鳥羽院の北面《ほくめん》の武士、佐藤兵衛憲清《ひょうえのりきよ》、出家して西行と申し上げた歌人が、この陸奥の国にお下りになりましたが、季節は水無月《みなづき》（陰暦六月）の半ばに、この川岸の木の下にしばらくお立ち寄りになって、一首の歌を詠まれました。

遊行上人 由緒を聞くと心が惹かれます。それで、西行上人の詠歌はどの歌のことでしょうか。

老人 お僧は日に六度絶え間なく念仏読経して寸暇《すんか》もないでしょうが、この歌集を御覧になりましたか。『新古今和歌集』に、

地 道の辺《べ》に清水流るる柳蔭しばしとてこそ立ちどまりつれ（『新古今和歌集』夏歌・西行法師）

（道のほとりに清らかな川が流れている。傍《かたわ》ら

蔦葛《ツタカヅラ》のみ這《ハイ》ひかかり、青苔《セイタイ》梢《コズヱ》を埋《ウヅ》む有様、実《マコト》に星霜年《セイゾオ》ふりたり、さて何時《イツ》の世よりの名木《メイボク》やらん、委《クワ》しく語り給《オ》ふべし

シテ 〽昔の人の申し置きしは、鳥羽《トバ》の院の北面《ホクメン》、佐藤兵《ヒョオ》衛憲清《エノリキヨ》出家《シュッケ》し、西行《サイギョオ》と聞《キコ》えし歌人《ウタビト》、この国に下《クダ》り給《イ》ひしが、頃は水無月半《ミナヅキナカ》ばなるに、この川岸《カワギシ》の木《コ》の下《モト》に、暫《シバ》し立ち寄り給《イ》ひつつ、一首《イッシュ》を詠《エイ》じ給《イ》ひしなり

ワキ 〽謂《イ》は《ワ》れを聞けば面白や、さてさて西行上人《サイギョオショオニン》の、詠《エイ》歌《カ》は何《イヅ》れの言《コト》の葉《ハ》やらん

シテ 〽六時不断《ロクジフダン》の御勤《オンツト》めの、隙《ヒマ》なき中《ウチ》にもこの集《シウ》をば、御覧じけるか新古今《シンコキン》に

[上ゲ歌]

地 〽道の辺《ベ》に清水《シミヅ》流るる柳《ヤナギ》蔭《カゲ》、清水流るる柳蔭、暫《シバ》しとてこそ立ちとまり、涼《スズ》み

の柳の木蔭にしばらく休もうと立ち止まった
ことだ）
とあります。立ち止まり涼《りょう》を取ったという歌の言葉は後世まで伝わり、柳の老木も朽ち残って親しみ深く感じられます。
こうして老人の私は遊行上人から十回の念仏を授かり、上人の御前を立ち去ると見えたが、朽木の柳の古塚に近寄るかと見えて消え失せた。近寄るかと見えて消え失せたのだった。

とる言《コト》の葉《ハ》の、末の世々までも、残る老木《オイキ》は懐《ナツ》かしや。かくて老人上人《ロオジンショオニン》の、御十《オンジゥ》念《ネンノ》を賜は《ワ》り、御前《オンマエ》を立つと見えつるが、朽木の柳の古塚に、寄るかと見えて失せにけり、寄るかと見えて失せにけり。

4

所の者の物語　所の者（アイ）が狂言座から常座に出て自己紹介をした後、遊行上人（ワキ）に出会い、遊行上人の求めに応じて朽木の柳のいわれを語る。また遊行上人から先刻の出来事を聞いて、その老人（前シテ）は朽木の柳の精であろうと推量し、遊行上人に仏事を勧めて狂言座に退く。

【中入】

［問答・語リ］

5

遊行上人の待受け　遊行上人（ワキ）は朽木の柳の精と言葉を交わした奇縁を思う。従僧（ワキツレ）とともに念仏を唱えて弔い、その場で仮寝する。

遊行上人　不思議なことよ。さては朽木の柳が、私に言葉を交わしたのだったと、

遊行上人 従僧　数珠《じゅず》を手に数々の、数珠を手に数々の仏事をし、念仏を唱えていると、その声に初夜（午後六時頃から十時頃）につく鐘が音を添える。月も澄む夜にひと晩、片方の袂《たもと》で露を敷いて仮《かり》寝《ね》することよ、片方の袂で露を敷いて仮寝することよ。

6

老柳の精の登場　〔出端《では》〕の囃子が演奏され、老柳の精（後シテ）が朽木の柳の古塚（山の作り物）

[□]

ワキ〽不思議やさては朽木の柳の、我に言葉を交《カワ》はしけるよと

[上ゲ歌]

ワキ ワキツレ〽念ひ《オモイ》の珠《タマ》の数《カズ》々に、念ひ《イ》の珠の数々に、御法《ミノリ》を為《ナ》して称名《ショオミョオ》の、声うち添《ソ》ふる初夜《ショヤ》の鐘《カネ》。月も曇らぬ夜《ヨ》もすがら、露を片敷《カタシ》く袂《タモト》かな、露を片敷く袂かな。

の中で柳を詠んだ漢詩を口ずさむ。続いて遊行上人の念仏により成仏できると喜ぶと、作り物を覆った布（引き回し）が下ろされ、床几《しょうぎ》に腰かけた老柳の精（後シテ）の姿が現れる。

〔出端〕笛・小鼓・大鼓・太鼓の演奏によるリズムに乗った登場楽が、後シテの登場を予告する。

老柳の精　沅水《げんすい》羅《ら》紋《もん》海燕《かいえん》回《かえ》る、柳条《りゅうじょう》恨みを牽《ひ》いて荊台《けいたい》に到る（『三体詩』李群玉「客《かく》（旅人）を送る」）

（沅水（中国洞庭湖に注ぐ川）の波紋は薄絹《うすぎぬ》のように和らぎ、海から燕《つばめ》が帰る春だというのに、私は旅立つ君に柳の枝を贈り、君は別れの悲しみを残して遠く荊台（中国湖北省荊州）の地に行ってしまう）

という詩がある。

老柳の精　むなしく朽ちかけていた朽木の柳が好機を得て、

地　私は今こそ仏法に巡り合い、

〔出端〕

［（サシ）］

シテ〽沅水《ゲンスヰ》羅《ラ》紋《モン》海燕《カイエン》回《カエ》る、柳《リウ》条《ヂョオ》恨みを牽《ヒ》いて荊臺《ケイタイ》に到る

［一セイ］

シテ〽徒《イタヅ》らに、朽木の柳時を得て、

地　〽今ぞ御法《ミノリ》に合竹《アイタケ》の、

老柳の精　阿弥陀如来《あみだにょらい》の教えに導かれて、まっすぐに浄土へ行ける。

地　「衆生《しゅじょう》は阿弥陀如来の御名《みな》を唱えて必ず浄土へ行くことができる」（善導『往生礼讃偈《おうじょうらいさんげ》』後序）という念仏の功徳《くどく》に引かれて、草木の私までも成仏できる。老木の柳である私が、柳の枝のように髪も乱れた白髪の老人として、にわかに現れ出た。烏帽子《えぼし》も柳さび（柳葉のような皺《しわ》）で、いかにも柳らしい姿をしている。

7

遊行上人と老柳の精の応対　遊行上人（ワキ）が老柳の精（後シテ）の出現をいぶかると、老柳の精は先刻道案内した老人であると名乗り、成仏できることがうれしいと述べる。

金春・喜多は［掛ケ合］「さも古塚の草深き」なし。また金春は［歌］「但使一生」を「但此一生」とする。その他、各流の本文に小異がある。

シテ〽直《スグ》に導《ミチビ》く弥陀《ミダ》の教《エ》へ、

［ノリ地］

地〽衆生称念《シュジョオショオネン》、必得往生《ヒットクヲオジョオ》の、功力《クリキ》に引かれて、草木《ソオモク》までも、仏果《ブックワ》に到《イタ》る、老木《オイキ》の柳の、髪《カミ》も乱るる、白髪《ハクハツ》の老人《ロオジン》、忽然《コッゼン》と現れ、出でたる烏帽子《エボシ》も、柳さびたる、有様なり。

遊行上人　不思議なことよ。いかにも古めかしい塚の、草深い朽木の柳の根元から、異様な姿の老人が、烏帽子や狩衣《かりぎぬ》を着て出現されたのは不審である。

老柳の精　何を不審なさるのか。先刻も私は姿を現し、夕暮れの道案内をしました。その老人でございます。

遊行上人　それでは昔の道を教えてくれた人は、朽木の柳の精でしたか。

老柳の精　仏法の教えがなければ、非情無心の草木が、極楽の蓮《はちす》の台《うてな》に到達することはありません。

遊行上人　そのとおりです。一声でも十声でも念仏を唱えれば、

老柳の精　ただ一声でも念仏を唱えれば、その声が消えない内に極楽に生まれます。

遊行上人　阿弥陀如来の教えを、

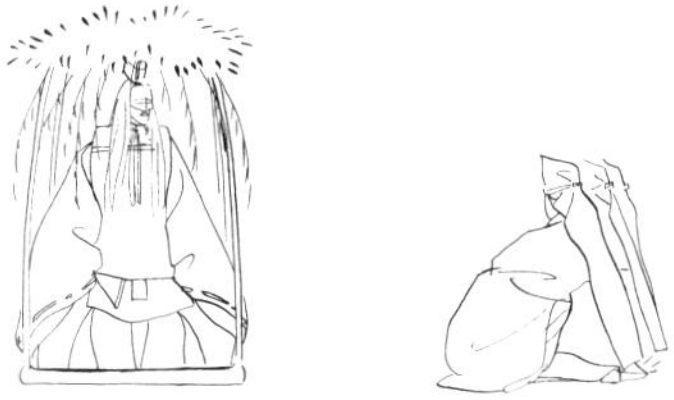

［掛ケ合］

ワキ〽不思議やなさも古塚の草深き、朽木《クチキ》の柳の木の下《モト》より、その様化《サマケ》したる老人《ロオジン》の、烏帽子《エボシ》狩衣《カリギヌ》を著《チャク》しつつ、現れ給《オ》ふは不審《フシン》なり

シテ〽何《ナニ》をか不審し給《オ》ふらん、はや我が姿はあらは《ワ》し衣《ギヌ》の、日も夕暮《イウグレ》の道しるべせし、その老人《ロオジン》にて候なり

ワキ〽さては昔の道しるべせし、人は朽木の柳の精《セイ》

シテ〽御法《ミノリ》の教へ《エ》なかりせば、非情《ヒジョオ》無心《ムシン》の草木《ソオモク》の、臺《ウテナ》に到る事あらじ

ワキ〽なかなかなれや一念十《イチネンジウ》念《ネン》

シテ〽ただ一声《ヒトコヱ》の中《ウチ》に生《ン》まるる

ワキ〽弥陀《ミダ》の教へ《エ》を

老柳の精　我が身に受けて、

地　「この世で一人が念仏を唱えれば、そのたびに一つ西方の浄土に蓮が生える。一生の間ひたすら念仏を唱えて怠らなければ、一生の終わりにこの世へ蓮の花が迎えに来る」（法照『五会法事讃《ごえほうじさん》』）と言われます。極楽の最上位に生まれようとは、うれしいことです。

8

老柳の精の語り舞　老柳の精（後シテ）は、仏法の舟に乗って極楽へ行く譬《たと》えから、柳の葉が舟の起こりとなった故事をはじめ、和漢の詩歌・物語を数え上げて柳の徳を確かめてゆく。老柳の我が身は風にふらつき、おぼつかない足つきで弱々しく立ち舞う。各流の本文に小異がある。

老柳の精　釈迦《しゃか》はすでに亡くなり、弥勒菩薩《みろくぼさつ》は未だ生まれない。衆生を救うという、慈悲深い阿弥陀如来

シテ〽身に受けて

[歌]

地〽此界一人念仏名《シカイイチニンネンブツミョオ》、西方便《サイホオベン》有一蓮生《ヌイチレンジョオ》、但使一生《タンシイッショオ》常不退《ジョオフタイ》、この華《ハナ》、還《カエ》つてここに迎《ムカイ》ひ、上品上生《ジョオボンジョオショオ》に、到らん事ぞ嬉しき。

[□]

シテ〽釈迦《シャカ》既《スデ》に滅《メッ》し、弥勒未《ミロクイマ》だ生《ショオ》ぜず、弥陀《ミダ》の悲願《ヒグワンノ》を頼

の誓願を頼らないでは、どうして成仏ができようか。

地　心から仏に帰依《きえ》します。どうか心身の汚《けが》れを清めてください。足下《そっか》に頭をつけて礼拝します。阿弥陀如来の誓願には偽りがなく、世の常を超えた慈悲深い誓願に身をゆだねて、苦海《くかい》の衆生を救う仏法の舟に乗ろう。

老柳の精　そのまま彼岸《ひがん》の極楽浄土へ行けるのも、仏法の一葉《いちよう》の舟の力ではないか。

地　あの黄帝《こうてい》の臣下貨狄《かてき》は心に秋風の吹く音を聞いたのか、風に散り池の水面を浮かび来る一枚の柳の葉の上に、蜘蛛《くも》が乗り糸を引いて岸へ渡った姿から、舟を考案したという。これも柳の徳ではないか。

老柳の精　そのほか玄宗皇帝の華清宮《かせいきゅう》にも、

地　宮前《きゅうぜん》の楊柳《ようりゅう》、寺前《じぜん》の花（『三体詩』王建「華清宮《かせいきゅう》」）

まずは、いかで仏果《ブックワ》に到るべき。

［クリ］

地　〽南無《ナム》や灑濁《シャヂョク》帰命《キミョオ》頂礼《チョオライ》、本願《ホングワン》偽《イツワ》りましまさず、超《チョオ》世《セ》の悲願《ヒグワン》に身を任《マカ》せて、他《タ》力《リキ》の舟に法《ノリ》のみち。

［サシ］

シテ　〽則《スナワ》ち彼岸《ヒガン》に到らん事、一《イチ》葉《ヨオ》の舟の力ならずや、

地　〽かの黄帝《クヮオテイ》の貨狄《クワテキ》が心、聞くや秋吹く風の音に、散り来《ク》る柳の一葉《ヒトハ》の上に、蜘蛛《チチウ》の乗りてささがにの、糸引き渡る姿より、工《タク》み出《イダ》せる船の道、これも柳の徳ならずや、

シテ　〽その外玄宗華清宮《ホカゲンソオクワセイキウ》にも、

地　〽宮前《キウゼン》の楊柳《ヨオリウ》寺前《ジゼン》の花と

（宮殿の前には楊柳《やなぎ》、役所の前には花）と詩に詠まれ、眺める人の絶えない柳の名木があった。

地

平安京のその昔、清水寺草創の頃、五色に見えた滝波を尋ねて、開祖延鎮《えんちん》がさかのぼると、上流に金色の光がさす朽木の柳（青柳の朽木）があった。それは一瞬にして楊柳《ようりゅう》観音の姿と現れ、今に絶えることなく跡を留めている。御利益《ごりやく》もあらたかな、大勢が参詣する霊地である。

さてまた都の花盛りともなれば、宮中に仕える人々の管絃の遊びや蹴鞠《けまり》の折にも、蹴鞠場の四本の木（桜・柳・松・楓）の一つに柳が枝を垂れ、夕暮れ時は鞠を蹴る多数の沓《くつ》音が響《ひび》いたものだ。

老柳の精

見渡せば柳桜をこきまぜて都ぞ春の錦なりける

（『古今和歌集』春歌上・素性《そせい》法師）

（遠く広く眺めると、柳の葉と桜の花を混ぜ合わせて、都こそが春の錦そのものだった）

という歌がある。まさに柳と桜を混ぜ合わせて、

て、眺《ナガ》め絶えせぬ名木《メイボク》たり。

［クセ］

地　〽そのかみ洛陽《ラクヨオ》や、清水寺《キヨミヅデラ》の古《イニシエ》、五色《ゴシキ》に見えし瀧波《タキナミ》を、尋ね上《ノボ》りし水上《ミナカミ》に、金《コン》色《ジキ》の光さす、朽木の柳忽《タチマ》ちに、楊柳《ヨオリウ》観音《クワンノン》と現れ、今に絶えせぬ跡とめて、利《リ》生《ショオ》あらたなる、歩《アユ》みを運ぶ霊地《レイチ》なり。

されば都の花盛《ハナザカ》り、大宮人《オオミヤビト》の御遊《ギョイウ》にも、蹴鞠《シウキク》の庭の面《オモ》、四本《ヨモト》の木《コ》蔭枝《カゲエダ》垂れて、暮に数《カズ》ある沓《クツ》の音。

シテ　〽柳桜をこき交《マ》ぜて、

地

都には春の錦を着た、美しい装いの人々が集《つど》い、（光源氏の六条院でも）花やかに蹴鞠に興じた時であったよ。御簾《みす》の隙間《すきま》を漏れて来る、風が運ぶ薫物《たきもの》の匂いから、また飼い猫の引き綱が御簾《みす》を引き上げ、室内にいる女三宮《おんなさんのみや》の姿が見えたため、柏木は長く彼女を思慕するようになった。柏木の及ばぬ恋の物語（『源氏物語』若菜上・下）など、私が語るのも無益なことだ。私は老いた柳の木で、青柳色の狩衣《かりぎぬ》や風折烏帽子《かざおりえぼし》を着ているが、少しの風にも体がふらつく。足元の弱々しいのもままよ。老木の柳である私は、

柳気力無くして条《えだ》先《ま》づ動く（『和漢朗詠集』立春・白居易）

（立春の風に吹かれると、柳の枝は弱々とそよぎ始める）

と詩に詠まれたとおり、気力なく弱々と立ち舞うことにしよう。それも遊行上人の夢で舞うのだから、夢の中の私を現実と見て、とらわれるのはあさはかなことだ。

地

〽錦を飾《カザ》る諸人《モロビト》の、花やかなるや小簾《コス》の隙《ヒマ》、洩《モ》り来《ク》る風の匂《ニオイ》ひより、手飼《テガイ》の虎の引綱《ヒキヅナ》も、長き思《イ》ひに楢《ナラ》の葉《ハ》の、その柏木《カシワギ》の及びなき、恋路《コイヂ》も由なしや、これは老《オ》いたる柳色《ヤナギイロ》の、狩衣《カリギヌ》も風折《カザヲリ》も、風に漂《タダヨ》ふ《オ》足もとの、弱きもよしや老木《オイキ》の柳、気《キ》力《リョク》な《ノ》う《オ》してよわよわと、立ち舞《モ》ふ《オ》も夢人《ユメビト》を、現《ウツツ》と見るぞはかなき。

9

老柳の精の舞　老柳の精（後シテ）は遊行上人（ワキ）の教えに感謝し、月とともに極楽浄土へ行くつもりで、鶯の羽風になびく柳の姿に似た舞を舞う。

〔詠〕

シテ 〽教《エ》へ嬉しき法《ノリ》の道、

地 〽迷は《ワ》ぬ月に、連《ツ》れて行かん。

老柳の精　うれしくも仏の教えに出会い、この道を、

地　迷わず西へ行く月に連れ立って、私も極楽浄土へ行こう。

〔序ノ舞〕

〔序ノ舞〕冒頭の「序」の演奏とシテの特殊な足づかいに続き、物静かでゆっくりとした舞が舞われる。シテが精である本曲では笛・小鼓・大鼓の演奏に太鼓が加わる「太鼓序ノ舞」となる。

〔ワカ〕

シテ 〽青柳《アヲヤギ》に、うぐひ《イ》す伝《ツト》ふ《オ》、羽風《ハカゼ》の舞《マイ》、

老柳の精　青柳の木伝《こづた》いに鶯《うぐいす》が飛び巡り、羽風で青柳がなびくのに似たこの舞は、

地　これこそ柳花苑《りゅうかえん》（舞楽の曲名）の舞と思われた。

10

結末　老柳の精（後シテ）は報謝の舞を終え、遊行上人（ワキ）に別れを告げる。老柳の精は秋風に吹かれて倒れ伏すかに見えたが、遊行上人（ワキ）の夢が覚めると、朽木の柳は残っていた。

老柳の精　柳の私が舞曲を奏するのも、歌舞の菩薩《ぼさつ》として舞の袂《たもと》をひるがえすのは、ひとえに上人の教えを受けたおかげと喜ぶことだ。

老柳の精　法恩に報い感謝する舞もここまでと、名残を惜しむ涙の、

地　浅緑《あさみどり》糸よりかけて白露を玉にも貫《ぬ》ける春の柳か
（『古今和歌集』春歌上・僧正遍昭）
（薄緑色の葉をより合わせた糸として、葉に置く白露を玉のように貫いている春の柳であるよ）

地　〽柳花苑《リウクワヱン》とぞおもほえにける。

［□］

シテ　〽柳の曲《キヨク》も歌舞《カブ》の菩薩《ボサツ》の、舞の袂《タモト》を返す返すも、上人《シヨオニン》の御法《ミノリ》を受け喜ぶ

［ノリ地］

シテ　〽報謝《ホオシヤ》の舞も、これまでなりと、名残の涙《ナミダ》の、

地　〽玉にも貫《ヌ》ける、春の柳の、

という歌のとおり、涙の露を玉と貫く柳が、

老柳の精　お別れ申しますと告げる。鶏も鳴き、

地　別れの曲には、

老柳の精　「折楊柳《せつようりゅう》」（中国古代の歌曲の題）を詩に詠むものだ。

離別河辺に柳条を綰《わがん》ぬ（『三体詩』張喬《ちょうきょう》「維揚《いよう》（江蘇省揚州）の故人（友人）に寄す」）

（別れに際して川のほとりで柳の枝を輪にして結んだ）

と詠んだ詩もあり、別れには柳の枝を輪にして贈る。

地　手折《たお》る枝は青柳の、

老柳の精　姿もしなやかな青柳ながら、

地　その枝を結びつけてもらう私は老木で、

老柳の精　枝も少なく、

シテ　〽暇《イトマ》申さんと、木綿附《イウツケ》の鳥も啼《ナ》き、

地　〽別れの曲《キョク》には、

シテ　〽柳條《リウヂョオ》を綰《ワガ》ぬ、

地　〽手折《タヲ》るは青柳《アヲヤギ》の、

シテ　〽姿もたをやかに、

地　〽結ぶは老木《オイキ》の、

シテ　〽枝もすくなく

地　今年が最後となりそうな風すらも避けようと、ふらつく足元もよろよろと、弱々しく倒れ伏したが、仮寝の床の草の枕の、上人の教えとの一夜の出会いも、これを他生《たしょう》の縁というのであろう。西から吹く秋の風が露も木の葉も散りぢりに吹き払い、露も木の葉も散りぢりになってしまって、残るのは朽木の柳だけとなったのだった。

地　〽今年《コトシ》ばかりの、風や厭《イトワ》はんと、漂ふ《タダヨオ》足もとも、よろよろよわよわと、倒《タオ》れ伏し柳、仮寝《カリネ》の床《トコ》の、草の枕の、一夜《ヒトヨ》の契《チギ》りも、他生《タショオ》の縁《エンナ》る、上人《ショオニン》の御法《ミノリ》、西吹く秋の風打ち払ひ《イ》、露も木《コ》の葉《ハ》も、散り散りに、露も木《コ》の葉《ハ》も、散り散りになり果てて、残る朽木《クチキ》と、なりにけり。

〈遊行柳〉の舞台

観世流シテ方・河村　晴久

囃子方、地謡が座に着くと、柳附山《やなぎつきやま》の作り物が運び出される。柳の古木である。〔次第〕の演奏で遊行《ゆぎょう》上人（ワキ）と従僧（ワキツレ）が登場し、一遍上人の教えを広める旅をして白河の関を越え、夕べを迎える。宿を求めて広い道を進むと、老人（前シテ）が幕内より呼びかけ、お札を所望し、古道へと案内する。橋掛りを介しての案内が、上人との距離感を表す。昔の上人が通った荒れ果てた古道をゆっくり進む老人は、やがて舞台に入り、柳の古塚を見上げる。涼しげな風が吹き渡る。老人はこの柳が西行法師の歌に詠まれた名木であると教え、西行の故事を語る。そして今また上人に縁があり十念を賜ったことを喜び、柳の陰に姿を消し、塚に入る。

所の者（間狂言）の語りの後、僧が経を読み通夜していると、〔出端《では》〕の囃子となり、作り物の内より声が聞こえる。やがて作り物の引き回しが後見二人によって下ろされると、中には烏帽子《えぼし》狩衣《かりぎぬ》姿の老柳の精（後シテ）が現れる。先刻の道しるべは自分であると明かし、仏縁を得たことを喜び、中国の故事をひき、また京の都での柳の奇瑞、さらに「源氏物語」にまで及んで柳の徳を語り、報謝の舞を舞う。蹴鞠《けまり》の所作、手飼いの虎（猫）を引く所作など、他曲にない、謡に合わせた所作が興味深い。序之舞は太鼓が入り静かながらノリが立つ。舞の後には、拍子合わず（拍節に合わない）の謡から、拍子に合う謡へと移っていく部分が有り、リズム感の変化も面白い。やがて柳の精は名残を惜しみつつ、秋風とともに消え失せ、朽木のみが残るのである。

作者の観世信光《のぶみつ》は乱世に生きて〈船弁慶〉などの分り易い能を作りながら、閑雅な〈遊行柳〉をも作っている。かつて西行の通った古道、今知る人もない道を上人に案内して仏縁を喜ぶ柳、その道を後には松尾芭蕉も歩む。信光は世阿弥や禅竹が目指し歩んだ道を振り返り、乱世の中で将来への能の道を見つめていたように思える。

「青柳之舞」の小書《こがき》（替えの演出）では、通常四節に舞われる序之舞を初段途中で終える。舞を四季に見立てて、春の段で終える心である、また「梓留」では終曲部でシテは古塚に帰り、「残る朽木」となって留める。

中啓《ちゅうけい》—黒骨紅無扇。赤い色を使わない図柄の扇。

柳寂風折烏帽子《やなぎさびかざおりえぼし》—和紙に黒漆を塗り固めて作る。風折烏帽子は揉んだ皺になるが、柳寂風折烏帽子は縦皺になっている。

面《おもて》—皺尉《しわじょう》。舞を舞う老人に使われる。

白垂《しろたれ》

単狩衣《ひとえかりぎぬ》—絽の生地で作る気品高い上着。露《つゆ》（飾り紐）を付ける。

腰帯《こしおび》—刺繍で文様を表した帯。上着の単狩衣をとめる。

色大口《いろおおくち》—色糸で織った大口の袴。張りを持たせるため、後ろが特殊な畝織《うねおり》になっている。

柳附山—竹で形を作り包子《ぼうじ》（白い布）を巻く。その上に引き回しをかけ、頂きに枌《ひさかき》を付け、柳の枝を垂らす。

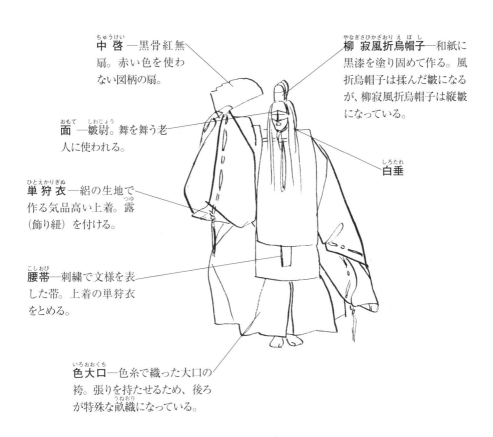

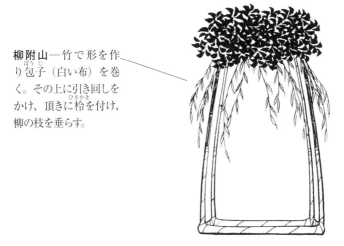

能の豆知識

シテ 能の主役。前場のシテを前シテ、後場を後シテという。

ワキ シテ（主役）の相手役。脇役のこと。

ツレ シテやワキに連なって演じる助演的な役。シテに付くものをツレ（シテツレともいう）、ワキに付くものをワキツレという。

間狂言《あいきょうげん》 能の中で狂言方が演じる役。アイともいう。狂言方の主演者をオモアイ、助演者をアドアイとよぶ。

地謡《じうたい》 能・狂言で数人が斉唱する謡。謡本に「地」と書いてある部分。地ともいう。能では舞台右側の地謡座と呼ばれる場所に八人が並び謡う。シテ方が担当する。

後見《こうけん》 舞台の後方に控え、能の進行を見守る役。装束を直したり小道具を受け渡しするなど、演者の世話も行う。

後見座《こうけんざ》 鏡板左奥の位置。後見をつとめるシテ方（普通は二人、重い曲は三人）が並んで座る。

見所《けんしょ》 能の観客及び観客席のこと。舞台正面の席を正面、舞台の左側、橋掛りに近い席を脇正面、その間の席を中正面と呼ぶ。

物着《ものぎ》 能の途中、舞台で衣装を着替えたり、烏帽子などをつけたりすること。後見によって行われる。

中入《なかいり》 前・後半の二場面に構成された能で、前場の終りに登場人物がいったん舞台から退場することをいう。

床几《しょうぎ》 椅子のこと。能では鬘桶《かづらおけ》（鬘を入れる黒漆塗りの桶）を床几にみたてて、その上に座る。

作《つく》**り物**《もの》 主として竹や布を用いて、演能のつど作る舞台装置。

〈遊行柳〉のふる里

遊行柳 栃木県那須郡那須町大字芦野二五〇三

JR黒田原駅から関東自動車バス「伊王野」行きで約10分、「芦野支所前」下車、徒歩約7分（関東自動車バスは令和七年春時点で一日四便運行）

JR黒磯駅からタクシー　距離約一四キロ約20分

田畝の中に数本の柳の古木が立つ。一九世の遊行上人尊皓が文明三（一四七一）年この地を訪れた折、柳の精が現れたとの伝承が能の元になった。以後様々な人が訪れ、元禄二（一六八九）年には芭蕉が「奥の細道」の途次「田一枚植ゑて立ち去る柳かな」の句を吟じた。

専称寺 栃木県那須郡那須町伊王野一六二二

JR黒田原駅から関東自動車バス「伊王野」行きで約20分、「伊王野車庫」下車、徒歩約5分

文永四（一二六七）年、地元の伊王野資長により建立された伊王野氏の菩提寺。以後時宗の念仏道場として、代々の遊行上人が訪れている。

（河村晴久）

お能を習いたい方に

能の謡や舞、笛、鼓に興味をもたれたら、ちょっと習ってみませんか。どなたでも能楽師からレッスンを受けられます。関心のある方は、能楽堂や能楽専門店（檜書店☎０３-３２９１-２４８８　わんや書店☎０３-３２６３-６７７１　能楽書林☎０３-３２６４-０８４６など）に相談すれば能楽師を紹介してくれます。またカルチャーセンターでもそうした講座を開いているところがあります。

■鑑賞に役立つ　能の台本／観世流謡本・金剛流謡本

観世流謡本（大成版）

謡本は能の台詞やメロディー、リズムを記した台本兼楽譜。江戸時代から数々の修正や工夫をかさねて現在の形になった。謡本には他に、作者・作品の背景・節や言葉の解説・舞台鑑賞の手引き・配役・能面や装束附なども掲載されていて、鑑賞のための予備知識を得るにはとても便利。また、一般の人が、能楽師について能の謡や舞を稽古する時の教科書でもある。

曲　目／『遊行柳』他、二一〇曲
表　紙／紺地金千鳥
サイズ／半紙判（154×227ミリ）
用　紙／特別に漉いた和紙
製　本／和綴
定　価／各三〇〇〇円～三三〇〇円（税込）

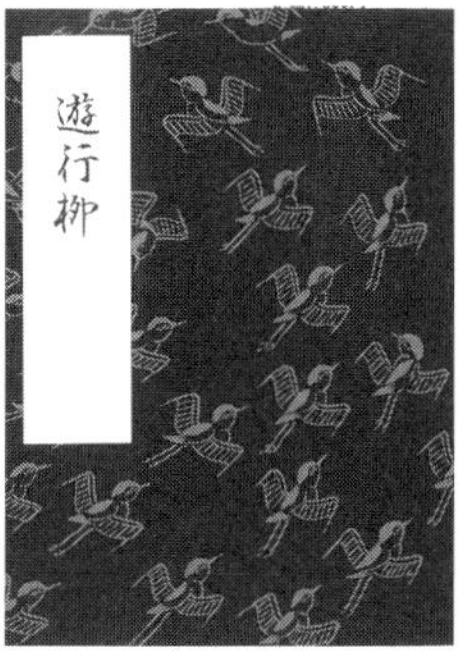

観世流謡本縮刷版

前記観世流謡本の縮刷版。古くより豆本・小本と呼ばれハンドバックやポケットに入り、携帯に便利であると愛用されている。

曲　目／『遊行柳』他、二一六曲
表　紙／紺地千鳥
サイズ／B７判・定価／一五〇〇円（税込）

■檜書店　能・狂言の本

まんがで楽しむ能の名曲七〇番

〝初心者からマニアまで楽しめる〟

名曲七〇番のストーリーをまんがでわかりやすく紹介。はじめて能をご覧になる方にも恰好のガイドです。能を観る前、観た後で二度楽しめる。巻末に能面クイズ付き。

文／村　尚也　漫画／よこうちまさかず

A5判・定価一三二〇円（税込）

まんがで楽しむ狂言ベスト七〇番

〝エスプリ、ウィット、狂言の本質を味わう〟

舞台を観ていればなんとなくわかった気がする狂言を、まんがで別照射することで、その裏側や側面を覗き、使い慣れた現代語でこそ味わえる爽快感を楽しめます。

文／村　尚也　漫画／山口啓子

A5判・定価一八七〇円（税込）

まんがで楽しむ能・狂言

〝初めて能を観る方に〟

能・狂言の鑑賞、舞台・装束・能面などの知識、登場人物や物語の紹介、楽屋の様子までをまんがでわかりやすく解説した初心者に恰好の入門書。

文／三浦裕子　漫画／小山賢太郎　監修／増田正造

A5判・定価一三二〇円（税込）

世阿弥のことば一〇〇選

監修／山中玲子

〝これは単なる芸術論ではなく、人生論〟

能楽師の方はもちろん、さまざまな分野で活躍する著名人が選んだ世阿弥のことば。執筆者がそれぞれの視線で世阿弥のことばと向き合ったショートエッセイ集。

四六判・定価一七六〇円（税込）

現代語訳　申楽談儀
世阿弥からのメッセージ

著／観世元能
訳／水野　聡

〝よみがえる、世阿弥の声・姿〟

世阿弥の芸論を、息子の元能が筆録・編集した『申楽談儀』の現代語訳。先人の逸話や能面・能装束の話、演技する際の注意点など、世阿弥の考え方が具体的に記される。

四六判・定価一七六〇円（税込）

税率10％の表示価格です

■檜書店　能・狂言の本

☆現代語で理解する能の世界☆

対訳でたのしむ能　シリーズ

【本シリーズの特色】
○流儀を問わず楽しんでいただける内容
○現代語訳と詞章・舞台演能図も掲載
○演者が語る能の見どころや魅力
○装束・能面・扇、曲の旧跡の紹介
○観能のガイド、詞章の理解を深める手引きとして最適

竹本幹夫
著　三宅晶子　稿　河村晴久
西村　聡
Ａ５判／二四～四〇頁
定　価／各七七〇円（税込）

◆既刊
葵上／安宅／安達原／敦盛／海士／井筒／鵜飼／善知鳥／杜若／花月／葛城／鉄輪／通小町／邯鄲／砧／清経／鞍馬天狗／小鍛冶／桜川／俊寛／隅田川／殺生石／千手／卒都婆小町／高砂／田村／土蜘蛛／定家／天鼓／道成寺／融／野宮／羽衣／半蔀／花筐／班女／百万／船弁慶／巻絹／松風／三井寺／三輪／紅葉狩／屋島／遊行柳／熊野／養老／弱法師

◆以下発売予定
賀茂／景清／恋重荷／西行桜／忠度／巴　ほか